Christina Lange

Florian Russi

WIR MACHEN THEATER

Kurze Theaterstücke
für integrative Kindergruppen

Bertuch

herausgegeben von
Trägerwerk Soziale Dienste in Sachsen-Anhalt GmbH
Trägerwerk Soziale Dienste in Sachsen GmbH

Bertuch

ISBN 978-3-86397-036-9

© Bertuch Verlag GmbH, Weimar 2013
www.bertuch-verlag.com

Printed in Germany

INHALT

VORWORTE DER HERAUSGEBER

Am 13. Juli 2012 wurde in Reinsdorf bei Landsberg (Sachsen-Anhalt) die „Schaubühne" feierlich eröffnet. Die Freilichtbühne steht zunächst der Theatergruppe des Heilpädagogischen Kinderheims, eine Einrichtung des Trägerwerk Soziale Dienste in Sachsen-Anhalt GmbH, zur Verfügung. Ein gemischtes Ensemble, bestehend aus den Kindern des Kinderheims, den Kindern aus dem Ort Reinsdorf und unter Mitwirkung der Bewohner des Pflegeheims Landsberg wird hier jährlich im Sommer Theaterstücke aufführen.

Die Schaubühne ist Zeichen der gelungenen Integration und Akzeptanz des Kinderheims in Reinsdorf und Umgebung, denn in der künstlerischen Arbeit gibt es keinen Unterschied zwischen Menschen mit Behinderung und solchen ohne. Anspruchsvolle Theater soll mit einer gesellschaftlichen Botschaft verbunden werden, darauf kommt es an.

Zur Eröffnung der Theaterbühne im letzten Jahr geschah eine Ausschreibung für Theaterstücke, passend für ein Ensemble aus Kindern mit und ohne Behinderungen. Frau Christina Lange hat das schöne und einfühlsame Stück „Jolinka oder Die Geschichte von dem Mädchen, das nicht wusste, was es sich wünschen sollte" verfasst, das als bestes Theaterstück ausgesucht wurde. Zusammen mit Brunhild Kunth, Heilpädagogin des Kinderheims Reinsdorf, wurde zusätzlich eine kurze Version des Stückes erarbeitet, die auch für Kinder mit mehrfachen Behinderungen und Sprachproblemen geeignet ist. Das überaus gelungene Theaterstück soll möglichst vielen integrativen Theaterensemblen zur Verfügung stehen. Daher freue ich mich, dass beide Textvarianten in diesem Heft veröffentlicht sind.

Auch in Zukunft wird es eine jährliche Ausschreibung für Theaterstücke, die auf integrative Theatergruppen und speziell für Kinder mit Behinderungen zugeschnitten sind, geben. Wir hoffen auf zahlreicher Beteiligung auch junger Autoren. Die besten eingereichten Texte werden mit Kindern aus dem Heilpädagogischen Kinderheim Reinsdorf aufgeführt sowie in Zusammenarbeit mit dem Bertuch Verlag veröffentlicht.

Jörg Rommelfanger
Landesgeschäftsführer des
Trägerwerks Soziale Dienste in Sachsen-Anhalt,
Mitglieds des Vorstandes der Trägerwerksgruppe

Theaterspielen entspricht einem tiefen menschlichen Bedürfnis. Schon in der Frühzeit der Menschen gehörten kultische Spiele, Masken und Verkleidungen zum Repertoire von Gemeinschaften, Stämmen und Völkern. Für Deutschlands bedeutendsten Dramatiker Friedrich Schiller war das Theater ein Mittel der Volkserziehung. Er sah es als „moralische Anstalt" und sagte: „Die Schaubühne ist ... eine Schule der praktischen Weisheit, ein Wegweiser durch das bürgerliche Leben, ein unfehlbarer Schlüssel zu den geheimsten Zugängen der menschlichen Seele."

An vielen Schulen der Welt wurde und wird das Theater als Teil der Bildung und Erziehung eingesetzt. Diesem Beispiel folgt auch das Trägerwerk Soziale Dienste in Sachsen in seiner Behindertenpädagogik. Um den von uns betreuten Jugendlichen bei ihrer persönlichen Entfaltung zu helfen, haben wir in Hoyerswerda eine „Märchenbühne" errichtet.

Hier wollen wir in regelmäßigen Abständen mit den jugendlichen Behinderten literarische und musikalische Spiele aufführen, an denen die Beteiligten ebenso wie die Zuschauer ihre Freude haben sollen.

Bei den aufzuführenden Stücken greifen wir auf Autoren zurück, die über Erfahrungen in der Zusammenarbeit mit behinderten jungen Menschen verfügen. Die in diesem Bändchen vorgelegten fünf Stücke sind eigens für die Bühnen der Trägerwerke Soziale Dienste geschrieben worden. Wir wünschen Ihnen eine freundliche Annahme bei den Schauspielern und beim geschätzten Publikum.

Falk Stirner
Landesgeschäftsführer des
Trägerwerks Soziale Dienste in Sachsen,
Mitglieds des Vorstandes der Trägerwerksgruppe

DAS SPIELEN IM SPIEL. EINE HERANGEHENSWEISE

Wie schreibt man ein Theaterstück für Kinder und Jugendliche völlig verschiedenen Alters, das für alle gleich spannend sein soll? Welches Thema könnte es behandeln, das sich nicht als entweder für die Älteren langweilig oder als für die Jüngeren völlig unverständlich erweist? Und wie könnte ein Stück aussehen, das sowohl mit Kindern einer heilpädagogischen Einrichtung als auch mit Kindern ohne Behinderung zur Aufführung gebracht werden kann?

Das Ergebnis des Grübelns über diese Fragen ist der Kindertheatertext „Jolinka oder Das Mädchen, das nicht wusste, was es sich wünschen sollte", der im Frühjahr 2012 für die *Schaubühne* in Reinsdorf bei Landsberg und die Theatergruppe des Heilpädagogischen Kinderheims Reinsdorf verfasst wurde. Da sich das Theaterstück jedoch zunächst als zu komplex und auch als zu umfangreich für die Aufführung durch eine Theatergruppe, bestehend aus Kindern und Jugendlichen mit sehr unterschiedlichen Voraussetzungen wie der in Reinsdorf erwies, wurde das Stück stark überarbeitet und wird nun im Sommer 2013 in seiner neuen Form die Uraufführung auf der *Schaubühne* erleben.

Der Grundgedanke, den ich in dem Theaterstück ursprünglich einzubringen versuchte, war der, eine möglichst simple Fabel zu entwerfen, die auch kleine Kinder sowie Kinder bzw. Jugendliche mit einer Behinderung nachvollziehen können, die aber gleichzeitig durch eigenes phantasievolles Spiel der Kinder weitergeführt und ausgeschmückt werden kann und soll. Viel mehr als ein genau auswendig gelernter Text und exakte Vorgaben einer nachzuspielenden Szene sollte die Improvisation, das Einbringen eigener Ideen und der Wunsch, beim Spielen in andere Rollen zu schlüpfen, im Mittelpunkt stehen. So entstand die Geschichte eines ängstlichen kleinen Mädchens und seiner selbst erdachten Freundin inmitten einer Gruppe von Kindern mit völlig verschiedenen Wünschen und Hoffnungen. Nicht nur für Lena, die Protagonistin des Stücks, spielt ihre Phantasie eine wichtige Rolle, auch die der jungen Darstellerinnen und Darsteller soll bei den Proben und der Aufführung gefordert werden. Ein Gedanke, der hoffentlich auch trotz der starken Verknappung des ursprünglichen Textes in der neuen Fassung von „Jolinka" noch immer zu erkennen ist.

Aufgrund dieser Überlegungen weisen sowohl der ursprüngliche als auch der überarbeitete Text Raum zum Spielen im Spiel auf. So finden sich gerade in der ersten Fassung mehrere Passagen, in denen die jungen Darstellerinnen und Darsteller sich im Spiel als Prinzessinnen, Piraten oder wilde Tiere austoben können. Auch die verkürzte Fassung bietet Raum für inszenatorische Freiheiten: Beispielsweise lassen sich einige Figuren wie die Titelfigur „Jolinka" sehr unterschiedlich besetzen, die stumme Figurengruppe der „Schatten" eignet sich hervorragend für eine mögliche Tanzeinlage und der Zauberspruch der Fee ist ebenso gesprochen wie als gesungenes Lied vorstellbar. Insgesamt bietet das Stück besonders immer dann Platz für den Einsatz von Musik, wenn in das „reale" Setting des Kinderschlafzimmers die kindliche Phantasiewelt hereinbricht, wie z. B. beim Auftritt der Fee.

All diese hier aufgezählten Details sollen verdeutlichen, dass die hier abgedruckten Kindertheaterstücke vielmehr als eine Art Material betrachtet werden sollen, mit dem bei der Inszenierung kreativ und den Umständen entsprechend gearbeitet werden darf. Die Absicht ist es nicht in erster Linie eine möglichst textgetreue Inszenierung zu erstellen, sondern den jungen Mitgliedern völlig unterschiedlich zusammengesetzter Theaterensembles wie jenem in Reinsdorf Impulse zum kreativen (Theater)-Spiel zu geben. In diesem Sinne wünsche ich viel Vergnügen beim Spielen.

Christina Lange
Siegen, den 22.4.2013

JOLINKA ODER DIE GESCHICHTE VON DEM MÄDCHEN, DAS NICHT WUSSTE, WAS ES SICH WÜNSCHEN SOLLTE

Die Langfassung für Kinder und Jugendliche
von Christina Scholz

Es spielen mit:

Lena, die gleichzeitig klein, aber nicht die Kleinste ist

Jolinka, die von Niemandem die Freundin ist außer von Lena

Philipp, der große große Bruder

Flynn, der kleine große Bruder

Lili, die ganz kleine Schwester

Die Stimme der Mutter, aus dem Off

Die Fee

Catarina Elena, ungefähr so alt wie Lena, hat gar keine Geschwister

Außerdem eine große Anzahl von **Schatten, Kindern, Gnus** sowie ein kompletter **Hofstaat** und die **Besatzung eines Piratenschiffs**

Die **Bühne** soll, wenn möglich, von allen Seiten mit Publikum umgeben sein, so dass die Geschichte mitten zwischen den Zuschauern spielt und von allen Seiten bespielt werden kann. Es wäre toll, wenn während dem ersten Akt alle Mitspieler gleichzeitig auf der Bühne sein können, auch wenn sie in dieser Szene keine wichtige Rolle spielen. Dafür sollten überall auf der Bühne Spielsachen wie Puppen, Plüschtiere, Bälle etc. herumliegen, mit denen sich die Darsteller auch außerhalb ihrer Szenen beschäftigen können. Wann immer sich die Darsteller auf der Bühne in Schatten, Tiere oder anderes verwandeln, sollte der Phantasie keine Grenzen gesetzt werden.
Wichtig ist, dass es vier Matratzen gibt, für jedes Geschwisterkind am besten in der richtigen Größe. Außerdem auf der Bühne: Ein riesiger Kleiderschrank, der auch ein Durchgang ist.

I. Im Kinderzimmer von Philipp, Flynn, Lili und Lena

Die komplette Bühne ist voll mit spielenden Kindern, die zum größten Teil vor sich hin spielen z. B. mit Murmeln, Kartenhäuser bauen oder mit Wachsmalstiften malen. Jolinka ist die erste, die ihre Spielsachen weglegt und sich zum Publikum wendet.

Jolinka : Das ist das Kinderzimmer. Ich zeige euch die Kinder, die hier wohnen. Da gibt es Philipp. *(Philipp lässt seine PSP sinken, als er seinen Namen hört, und steht auf. Er trägt einen roten Schlafanzug.)* Philipp ist der Älteste. Er ist ziemlich gut im Rechnen und hat schon über 300 Euro auf seinem Sparbuch gesammelt.

Philipp : Wenn ich genug Geld habe, dann hole ich mir einen eigenen Computer. Da kann ich drauf spielen, immer wenn ich will. Und ich hole mir meine eigenen Spiele. Und wenn noch was übrig ist, noch ein Fahrrad.

Er unterbricht seine Gedanken. Ihm fallen noch viele andere Dinge ein, die er sich alle „holen" will und in Gedanken fängt er schon wieder an zu rechnen.

Jolinka : Der etwas kleinere Junge da drüben mit dem grünen Schlafanzug ist Philipps jüngerer Bruder, Flynn. Er spielt seit einer Woche mit nichts mehr lieber als mit seinen neuen Tierfiguren.

Flynn *(lässt einen kleinen Vogel aus Plastik im Sturzflug auf eine Herde Plastikgnus herabstürzen):* Angriff!!!

Jolinka : Seine Lieblingstiere sind im Moment Raubvögel.

Flynn : Der Andenkondor ist der Vogel mit der größten Spannweite, die es gibt. *Er breitet die Arme aus wie Flügel und „fliegt" auf Philipp zu:* Angriff!!! *Er krächzt wie ein Andenkondor vielleicht krächzen würde.*

Philipp : Wenn ich genug Geld gespart habe, hole ich mir eine Andenkondorabschussrakete.

Jolinka : Das kleine Mädchen, das grade die Babypuppe in den Schlaf wiegt, ist Lili. Sie kann erst ins Bett gehen, wenn alle ihre Puppenkinder schlafen.

Lili *(im rosa Schlafanzug, bettet ihr Puppenkind auf ein großes Kissen):* Psssst, das Baby will doch schla-fen!

Flynn : Das ist dem Andenkondor egal!

Lili : Gar nicht!!

Ein Kind *(das gerade ein Puzzle auf dem Boden legt):* Wer bist du? Bist du das vierte Kind?

Jolinka : Nein. Ich bin Jolinka.

Ein anderes Kind *(das sich vielleicht gerade mit den Kleidern seiner Mutter verkleidet):* Das ist ein komischer Name.

Jolinka : Ich habe gar keine Schwestern und auch keine Brüder. Ich habe aber eine Freundin.

Das erste Kind : Nur eine Freundin?

Jolinka : Ja. Nur sie kann mich nämlich sehen.

Ein weiteres Kind *(springt gerade Seil):* Wer ist deine Freundin denn?

Lena steht schüchtern auf. Ihr Schlafanzug ist weiß, in ihrer Hand hält sie ein Buch mit vielen Bildern.

Lena *(ganz leise):* Ich heiß Lena.

Mehrere Kinder: Was?

Lena merkt, dass plötzlich alle sie ansehen und sagt gar nichts mehr.

Jolinka : Sie hat gesagt, sie heißt Lena.

Stimme der Mutter : Los, Kinder, Schlafenszeit!

Alle murren oder lachen, räumen ihr Spielzeug weg, laufen durcheinander, bauen sich aus Kissen und Decken Schlaflager oder -höhlen, kuscheln sich zu mehreren zusammen oder rollen sich einfach auf der Stelle ein, wo sie eben noch gespielt haben. Philipp, Flynn, Lena und Lili verkriechen sich jeder auf eine Matratze. Die einzige, die nur zuguckt, ist Jolinka. Erst als alle scheinbar in ihren Betten liegen, geht Jolinka hinüber zu Lenas Bett und hockt sich zu ihr.

Jolinka : Ratzfatz schlafen alle. Tief und fest. Glaubt ihr das wirklich?

Kurze Pause. Dann setzt sich Lili auf ihrer Matratze auf.
Lili : Ich kann nicht schlafen! *Pause.* Phi-liipp, schläfst du schon?

Philipp : Ja.

Lili :   Gar nicht!

Alle rappeln sich mehr oder weniger widerwillig auf, auch die Kinder, die auf der Erde schlafen wollten, heben die Köpfe.

Lili :   Ich kann nicht schlafen. Können wir nicht spielen?

Lena :   Was denn?

Philipp *(laut):* Mensch-Ärger-Dich-Nicht!

Flynn *(lauter):* Nee, Safari in Afrika! Ich bin der Forscher, Lili ist die Eingeborenenprinzessin, Philipp ist mein Assistent und du, Lena, bist eine unerforschte Tierart!

Lili *(am lautesten):* Mutter-Vater-Kind!

Alle springen auf, ein Tisch wird genauso aus vorhandenem Spielzeug auf der Bühne gebaut wie Teller, Tassen, Schüsseln improvisiert werden. Um die „Tafel" herum sitzen drei Puppen, und, gerne mit auf der Bühne gefundenen Kostümteilen versehen, Philipp als Vater, Lili als Mutter und Flynn als Kind.

Lili :   Die Puppen sind unsere drei Babys.

Flynn :   Keiner hat drei Babys auf einmal!

Philipp :   Doch, Drillinge.

Lena :   Wer bin ich?

Flynn :   Du wärst wohl unser Hund!

Lena kniet sich hin und schaut zu den anderen.

Lili :   Du heißt wohl Anneliese.

Flynn :   Blöder Name. Kein Hund auf der ganzen Welt heißt Anneliese.

Lili :   Wohl.

Philipp :   Sitz, Anneliese.

Lena macht brav „Sitz".

Lili :   Siehst du.

Philipp : Was gibt es denn zu Essen, Mama?

Lili : Bohneneintopf.

Flynn : Ich mag keinen Bohneneintopf.

Lili : Im Spiel magst du wohl Bohneneintopf und freust dich, weil die Mutter so lecker gekocht hat.

Flynn : Total lecker, Mama, aber schau mal, die Babys mögen keinen Eintopf.

Philipp : Babys mögen alles. Die können gar nicht sagen, was sie mögen und was nicht.

Die Babys, synchronisiert von drei Kindern, fangen an zu weinen und zu heulen.

Philipp : Ich glaube, die Drillinge mögen keinen Eintopf, Mama.

Lili : Dann kriegen sie eben Eis. Schokoeis.

Die Babys hören auf zu heulen.

Lena : Krieg ich auch Schokoeis?

Philipp : Du bist der Hund, du kriegst nichts vom Tisch. Aus, Anneliese.

Flynn : Außerdem kann ein Hund nicht sprechen.

Lena : Wau?

Philipp : Aus, böser Hund!

Lili : Anneliese kriegt nichts vom Tisch. Jetzt esst endlich euer Eis auf, Kinder!

Alle „essen" gehorsam.

Philipp : Ich hätte mir wohl überlegt, dass der Hund weg muss.

Lili : Genau, wir müssten ihn im Spiel wohl aussetzen.

Flynn : Was? Der Hund soll nicht ausgesetzt werden.

Lili : Doch, wir müssten ihn wohl aussetzen. Wie bei Hänsel und Gretel mit den Kindern. Weil wir im Spiel nicht genug zu essen hätten.

Lena : Aber –

Philipp : Lena, der Hund kann doch gar nicht sprechen!

Alle starren Lena böse an, da fangen die Babys wieder an zu schreien.

Lili : Schau nur, Papa, die Babys haben großen Hunger!

Flynn : Aber der Hund ist mir!

Philipp : Ja, das stimmt, aber die Drillinge haben großen Hunger und wir haben nicht genug für alle zu essen. Wir müssen Anneliese aussetzen.

Jolinka *(steht plötzlich hinter Lena)* : Magst du Hänsel und Gretel?

Lena : Weiß nicht.

Jolinka : Magst du Märchen überhaupt?

Lena : Meistens nicht so sehr. Weil, meistens geht es um den Jüngsten oder manchmal um den Ältesten. Es sind auch immer nur drei Kinder. Und nie geht es um die Zweitkleinste.

Jolinka : Ich kenne ein Märchen, da ist die Zweitkleinste am wichtigsten. Soll ich's dir erzählen?

Lena : Ja.

Stimme der Mutter : Aber Kinder, schlaft ihr immer noch nicht?

Alle wuseln schnell zurück auf ihre Matratzen oder in ihre Schlafhöhlen. Dieses Mal bleibt es kurz still. Nur Jolinka hat sich wieder zu Lena aufs Bett gehockt, und als sie anfängt zu erzählen, hockt auch Lena sich wieder hin und hört ihrer Freundin zu.

Jolinka : Unser Märchen beginnt in einem Kinderschlafzimmer.

Lena : So wie hier?

Jolinka : Genauso wie hier. Es ist schon lange Schlafenszeit und in vier Himmelbetten liegen vier Kinder. In dem größten liegt ein schlauer Junge. Manchmal kann er nicht gut schlafen, dann rechnet er im Kopf aus, wie lange er noch sparen muss.

Philipp : Wenn ich jede Woche zwei Euro Taschengeld bekomme, habe ich acht Euro im Monat. Es gibt zwölf Monate im Jahr, also habe ich acht mal zwölf Euro im Jahr und das sind … das sind …

Lena : Was will er denn von dem ganzen gesparten Geld kaufen?

Jolinka : Rate mal.

Lena : Einen Computer?

Jolinka : Nee.

Lena : Ein Fahrrad?

Jolinka : Viel besser.

Lena : Was denn dann?

Jolinka : Ein Piratenschiff! Damit er andere Schiffe mit seinen Piraten überfallen kann und noch viel, viel mehr Geld hat!

Auf das Stichwort kommen von allen Seiten die „schlafenden" Kinder und verwandeln sich in wilde Piraten. Sie klettern auf die Matratze, die zum Piratenschiff wird. Aus der Bettdecke wird ein Segel, aus einem umgedrehten Stuhl vielleicht ein Ausguck etc. Philipp steht aufrecht am Bug seines Schiffes und dreht ein wie auch immer aussehendes Lenkrad.

Pirat *auf dem Ausguck :* Kapitän Philipp!

Anderer Pirat : Sein Name ist Kapitän Blutige Klinge, du Dummkopf!

Pirat *auf dem Ausguck :* Kapitän – äh – Blutige Klinge, da ist Land in Sicht!

Philipp : So? Spuck's aus, was für'n Land denn?

Pirat *(auf dem Ausguck):* Die berühmte Insel der Goldenen Edelsteine, Kapitän!

Anderer Pirat : Die Insel der Goldenen Edelsteine? Die teuerste Insel der Welt!

Philipp : Macht euch bereit zum Entern, ihr Landratten!!

Dritter Pirat : Aber Kapitän, kann man eine Insel denn entern?

Philipp :   Das werden die da schon sehen! *Lacht grimmig*

Vierter Pirat : So richtig mit versenken hinterher? Das geht gar nicht!

Philipp :   Dann sind wir eben die ersten! Los, ihr faulen Hunde, Attacke!!

Mit lautem Geschrei entern die Piraten die unsichtbare Insel, dann verwandelt sich das Piratenschiff zurück in eine Matratze, die Piraten ziehen sich zurück und Kapitän Blutige Klinge ist nur noch der schlafende Philipp.

Lena :   Toll. Das ist super. Aber dann ist das wohl das Märchen, wie aus dem schlauen Jungen ein wilder Piratenkapitän wurde?

Jolinka :   Nein. Während der Junge nämlich im Bett liegt und rechnet, schläft er einfach über all die Zahlen ein. Genauso tief wie er schlafen sein kleiner Bruder und seine kleine kleine Schwester.

Lena :   Aber was ist mit der Zweitkleinsten?

Jolinka :   Sie kann nicht schlafen.

Lena :   Ich glaub, ich weiß, warum sie nicht schlafen kann.

Jolinka :   Warum denn nicht?

Lena :   Ich glaube, sie ist traurig.

Jolinka :   Warum denn?

Lena :   Ich glaube, sie weiß nicht, warum.

Jolinka :   Aber deshalb kann sie nicht schlafen. Weil sie so traurig ist. Da plötzlich, mitten in der Nacht, passiert etwas Seltsames. Plötzlich öffnet sich die Tür des Kleiderschranks und heraus kommt …

Die Tür des Kleiderschranks öffnet sich von innen.

Lena :   … eine wunderschöne Fee!

Die Fee kommt aus dem Kleiderschrank heraus. Sie ist wirklich wunderschön, hat durchscheinende Flügel, einen Zauberstab und glitzert vor lauter Feenstaub. Als sie versehentlich auf ein herumliegendes Spielzeug tritt, stolpert sie leicht und stößt einen Schrei aus.

Fee :   Wie sieht's denn hier aus?

Lena :   Entschuldigung …

Fee :   Hat dir und deinen Geschwistern denn niemand gesagt, dass man aufräumen muss?

Lena zuckt die Achseln.

Fee :   Na gut, eigentlich geht es mich ja nichts an. Also gut. Los, dann sag schon. *Sie schaut ungeduldig auf eine winzige silberne Armbanduhr.* Ein bisschen schneller, wenn ich bitten darf. Ich habe nicht die ganze Nacht Zeit.

Lena guckt die Fee verständnislos an.

Fee :   Was ist los? Habe ich was Komisches an der Nase hängen oder warum starrst du mich so an?

Jolinka :   Ich glaube, sie weiß nicht, was Sie von ihr wollen.

Fee :   Was ich will? Was ich von dir will? Hallo, ich bin eine Fee!!!

Lena :   Guten Abend.

Fee :   Ist das denn möglich? Sag mal, besonders helle bist du wohl nicht, was?

Jolinka :   Das ist nicht wahr. Sie traut sich nur nicht richtig.

Fee :   Oje. Das kann ja lustig werden. – Na gut, kleines Mädchen, wie heißt du?

Lena *(leise):*   Ich heiße Lena.

Fee :   Was?

Jolinka :   Sie sagt, sie heißt Lena.

Fee :   Lena?! – Erschreckend langweilig, dieser Name. Nun gut, höre zu, Lena: Ich bin eine Fee und jeder weiß – jeder außer anscheinend dir - dass es nur eins bedeuten kann, wenn eine so wunderschöne Fee mit echten Flügeln, echtem Feenstaub und echtem Zauberstab bei dir auftaucht. Nämlich: Genau! Du hast einen Wunsch frei! Tadaaa! Überraschung! So, und jetzt wünsche dir endlich was, denn wie gesagt, ich habe noch den ein oder anderen Kunden heute Nacht!

Lena :   Kunden?

Fee :   Leute, denen Wünsche erfüllt werden sollen. Also?

Lena starrt die Fee erneut stumm an.

Fee :   Ich sagte: ALSO?

Lena :   Ich weiß nicht.

Fee :   Oh nein. Jetzt kann sie sich nicht entscheiden. – Komm, mein liebes Kind, nimm einfach irgendeinen von den hunderttausend Wünschen.

Lena :   Ich weiß nicht. Ehrlich nicht.

Fee :   Hör mal, falls das der Versuch sein sollte, mir noch zwei andere Wünsche aus den Flügeln zu leiern, dann sage ich dir gleich, daraus wird nichts!

Lena :   Nein, sie verstehen mich nicht.

Fee :   Was gibt es denn da zu verstehen?

Lena schweigt wieder.

Jolinka :   Lena meint, Sie verstehen das nicht. Sehen Sie, Lena wüsste genau, was sich Philipp wünschen würde.

Philipp :   Eine Million Euro, nein, besser zwei.

Jolinka :   Oder was sich Flynn wünschen würde.

Flynn :   Einen echten Tiger als Haustier!

Jolinka :   Oder auch, was Lili sich wünscht.

Lili :   Eine echte Prinzessin sein und meine Puppen sind alle meine echten Babys.

Fee : Aber was sie selber sich wünscht, das weiß sie nicht? Willst du mir das sagen?

Jolinka : Ja.

Fee : Wer bist du, dass du das weißt?

Jolinka : Ich bin ihre Freundin.

Lena : Meine einzige Freundin. Jolinka.

Fee : Ein Kind, das sich nichts zu wünschen weiß! Das habe ich ja noch nie erlebt! Na warte! Dir werde ich helfen. *(Sie Schwingt den Zauberstab, es zischt und blitzt.)*
Ich rufe euch, ihr schwarzen Schatten,
Die ihr auch unter Betten haust,
Kommt, schleicht heraus unter den Matten
Zum Mädchen, das sich davor graust!
Tragt sie hinfort in euren Krallen,
Verbergt sie gut vor jedermann,
Bis ihr endlich ist eingefallen,
Was sie allein sich wünschen kann!

Es wird dunkler auf der Bühne und die zuvor schlafenden Kinder verwandeln sich in die Schatten. Kriechend, geduckt, schleichend, nähern sie sich der erschrockenen Lena und packen ihre Arme und Beine, ziehen und zerren sie mit sich. Jolinka will ihr folgen, aber eine weitere Gruppe von Schatten hat sie nun gepackt und hält sie zurück.

Jolinka : Nein! Nicht! Lena!

Lena : Jolinka! Hilf mir!

Fee : Nichts da. Du bleibst schön bei mir, bis sich die Kleine einen Wunsch überlegt hat.

Inzwischen haben die Schatten Lena in den Schrank gedrängt und sind mit ihr darin verschwunden. Hinter ihnen schließt sich die Tür. Die Fee sieht sich prüfend im verwüsteten Zimmer um und krempelt dann die Puffärmel hoch.

Fee : Bis sie damit fertig ist, werde ich hier mal ein bisschen Ordnung machen. Meine Güte, wie das hier aussieht! Dass den Kindern aber auch keiner sagt, dass man mal hin und wieder aufräumen muss …

Während die Fee anfängt, das Spielzeug zusammen zu räumen, umzingeln einige Schatten, die noch da sind, Jolinka, damit sie Lena nicht folgen kann.

II. Im Kinderzimmer von Catarina Elena

Gleiches Bühnenbild. Noch immer liegen überall Spielsachen auf dem Boden. Allerdings sind die vier Matratzen nun aufgestapelt zu einem hohen Turm, die Schranktür ist geschlossen. Auf dem Matratzenturm oben drauf liegt Catarina Elena und schläft. Ansonsten ist die Bühne leer.
Es klopft an die Innentür des Schranks. Erst sehr zaghaft, dann, da nichts passiert, immer lauter und wilder.

Catarina Elena *(im Halbschlaf):* Monique … mach die Tür auf …

Lena *(im Schrank):* Hilfe! Bitte macht auf, ich krieg keine Luft …!

Catarina Elena *(jetzt wach):* Was? Wer ist denn da im Schrank? Monique, bist du das? Das ist nicht witzig! *(Sie steigt von ihrem Matratzenturm herab und nähert sich der Schranktür.)* Ich sage das meinen Eltern und dann kannst du nach Hause fahren. *(Sie reißt die Schranktür auf und erschrickt.)* Wer bist du und was machst du im Schrank?

Lena kommt heraus getaumelt und lässt sich auf den Boden fallen.

Lena *(atemlos):* Ich heiße Lena.

Catarina Elena : Was?

Lena : Lena. Ich sagte, ich heiße Lena.

Catarina Elena : Aha. Aber was machst du mitten in der Nacht in meinem Schrank?

Lena antwortet nicht.

Catarina Elena : Du bist eine Einbrecherin! Bestimmt hast du dich mit Monique verbündet …
(Da Lena nicht antwortet, redet Catarina Elena weiter, vielleicht um sich selbst Mut zu machen.)
Du siehst zwar aus wie ein ganz normales Mädchen im Schlafanzug, aber das ist eine Falle! Ich bin ja nicht blöd.
(Sie greift nach dem nächsten Spielzeug auf dem Fußboden und benutzt es wie ein Schwert.)
Wehe, du stehst auf. Ich schreie …

(Da Lena immer noch nur auf dem Boden sitzt und nichts sagt, lässt Catarina Elena die „Waffe" schließlich sinken.)
Warum sagst du denn nichts? Bist du stumm?

Lena schüttelt den Kopf.

Catarina Elena : Dann sag was!

Lena :   Wer ist Monique?

Catarina Elena : Was? Monique ist unser Au-Pair-Mädchen.

Lena :   Was ist ein Au-Pair-Mädchen?

Catarina Elena : Bist du irgendwie dumm? Ein Au-Pair-Mädchen kümmert sich um Kinder in einem anderen Land. Damit sie deutsch lernt.

Lena :   Ja. Vielleicht.

Catarina Elena : Vielleicht was?

Lena :   Vielleicht bin ich dumm. Die Fee hat das auch gesagt.

Catarina Elena : Fee … Du spinnst ja. Es gibt gar keine Feen.

Lena schweigt.

Catarina Elena : Es gibt GAR KEINE Feen!

Lena :   Ja.

Catarina Elena : Wie kommst du in den Schrank.

Lena schweigt.

Catarina Elena : War das auch die Fee?

Lena :   Nein. Eigentlich waren es die Schatten. Die kennst du sicher, weil die unter allen Kinderbetten auf der Welt wohnen. Manchmal kommen sie raus und dann träumt man schlimme Sachen.

Catarina Elena : Du lügst. Ich sage meinen Eltern, dass du lügst.

Lena :   Kümmert sich so ein Oper-Mädchen um dich und deine Geschwister gleichzeitig oder wie geht das?

Catarina Elena : Quatsch. Ich habe gar keine Geschwister.

Lena *(rappelt sich auf)* Aber wem gehört dann das ganze Spielzeug?

Catarina Elena : Na, mir.

Lena *(betrachtet Catarina Elenas feines Nachthemd):* Dann bist du so was wie eine Prinzessin. Meine kleine Schwester wäre auch gerne eine Prinzessin.

Catarina Elena : Quatsch. Ich bin ganz normal. Ich hab nur viel Spielzeug. Obwohl, so viel auch wieder nicht. Meine Freundin Mariella hat noch viel mehr und viel tollere Sachen.

Lena :   Hast du viele Freundinnen?

Catarina Elena : Geht dich nichts an.

Lena :   Ich hab nur eine. Jolinka heißt sie. Aber jetzt ist sie weg.

Catarina Elena : Ich will auf keinen Fall deine Freundin sein, klar? Ich meine, du hast nichts zum Anziehen außer einem Schlafanzug, du wohnst in einem Schrank, der dir nicht gehört, und außerdem lügst du ... Hey, weinst du?

Lena :   Ich bin schuld.

Catarina Elena : Was bist du schuld?

Lena :   Dass die Schatten mich hergebracht haben.

Catarina Elena : Komm, ich schenk dir was, ich geb' dir den kleinen runden Spiegel, da, mit Glitzersteinen drauf. Aber nicht mehr weinen.

Lena *(nimmt den Spiegel, den Catarina Elena vom Boden aufgehoben hat):* Danke.

Catarina Elena : Aber jetzt sag nichts mehr von den Schatten. Da krieg ich Angst von.

Lena nickt und putzt die Nase. Sie schaut sich im Spiegel an.

Catarina Elena : Du bist komisch.

Lena :   Findest du?

Catarina Elena : Ja. *(Sie klettert zurück auf die Matratzen.)*

Lena :   Da schläfst du?

Catarina Elena : Na und?

Lena :   Du bist doch eine Prinzessin.

Catarina Elena : Quatsch. Komm hoch oder willst du auf der Erde schlafen?

Lena :   Darf ich denn bei dir schlafen?

Catarina Elena : Ja. Aber glaub bloß nicht, dass wir deshalb Freundinnen sind.

Lena klettert ebenfalls auf den Matratzenturm.

Lena :   Wie ein Turm. Das Bett.

Catarina Elena : Du redest Quatsch. Quatsch, Quatsch, Quatsch.

Lena :   Kriegst du immer alles, was du dir wünschst?

Catarina Elena : Von wegen. Mama sagt manchmal, dass ich verwöhnt bin. Aber ich krieg gar nichts, nicht mal wenn ich richtig bettle. Zum Beispiel hat Mama gesagt, ich bin zu klein für ein eigenes Pferd und zu jung für so Schuhe, wie Monique sie hat. Wenn ich mal ins Kino will, muss ich Querflöte üben. Keine von meinen Freundinnen muss das. Das ist superlangweilig.

Lena :   Was würdest du dir wünschen, wenn du einen Wunsch frei hättest?

Catarina Elena : Ein Wunsch? Ich glaub, wenn mich jetzt jemand fragt, würde ich mir einen riesigen Haufen Schokolade wünschen. Oder neue Inliner. Oder einen rosa Lippenstift, ich hab nur einen in Rot.

Lena :   Nee. Ich meine, wenn du dir ganz doll was von ganz, ganz tief innen drin wünschen müsstest. Was wäre das dann?

Catarina Elena : Weiß ich nicht. Auch einen Haufen Schokolade. Oh, jetzt schau mich doch nicht wieder so an wie ein Trauerkloß. Da, guck mal wie du dann aussiehst!

Hält den kleinen Spiegel, den Lena mit auf den Matratzenturm genommen hat, hoch, so dass Lena gucken kann.

Catarina Elena : Erzähl lieber noch was. Über deine Freundin. Ist die auch so komisch wie du?

Lena : Jolinka. Sie ist meine Freundin und sie ist nur meine Freundin. Von keinem Mädchen sonst. Ich habe sie nämlich erfunden.

Catarina Elena : Echt?

Lena : Ja.

Catarina Elena : Warum?

Lena : Das ist nur so ein Spiel. Wenn ich traurig bin.

Catarina Elena : Du bist so komisch. Erzähl noch was. Aber nicht von den Schatten.

Lena : Ich kann dir von dem Märchen erzählen. Jolinka hat es für mich erfunden, weil den Zweitkleinsten im Märchen nie etwas Tolles passiert. Kannst du echt nicht meine Freundin sein?

Catarina Elena : Nein. Aber jetzt erzähl mir das Märchen.

Lena : Wünschst du es dir ganz tief innen drinnen?

Catarina Elena : Ja. Ich wünsche es mir.

Lena : Es war einmal ein kleines Mädchen, das war nicht die allerkleinste Schwester, aber die zweitkleinste. Der große große Bruder wollte ein reicher Pirat sein, mit Gold und Geld und Edelsteinen. Dann gab es die ganz kleine Schwester. Die war in echt eine Prinzessin. Eine gemeine Hexe hat sie entführt und in eine ganz normale Familie gebracht, wo keiner wusste, wer sie ist.

Die Schranktür geht erneut auf. Lili tritt tänzelnd auf, ihre Bettdecke zu einer Art Rock gewickelt, auf dem Kopf ein Tamburin oder etwas anderes als Kronenersatz. Sie winkt freundlich zum Publikum, um sie herum ein aus Kindern bestehender Hofstaat. Je verrückter der Hofstaat sich kostümiert hat, umso besser. Während die Prinzessin dem Publikum zuwinkt, können die Kinder im Hofstaat Verbeugungen üben, die Schleppe der Prinzessin tragen oder auf gespielten Trompeten Fanfaren spielen. Der Festzug verschwindet schließlich wieder im Schrank.

Lena : Dann gab es noch den anderen Bruder. Der wollte in fremde Länder reisen. Da sind überall wilde und gefährliche Tiere. So was hat noch nie jemand gesehen.

Eine Herde Gnus kommt angesprungen, ebenfalls wieder von den Kindern verkörpert. Auch sie kommen aus dem Schrank, vielleicht haben einige noch Kleidungsstücke an den Hörnern hängen. Während die Herde nichts zu ahnen scheint und ein wenig herumschaut oder unsichtbares Gras vom Boden frisst, schleicht sich Flynn auf Samtpfoten an; offensichtlich ist er jetzt eine große geschmeidige Raubkatze. Mit einem Satz springt er mitten in die Gnuherde hinein und brüllt. Die Gnus fliehen, die Flynn-Raubkatze bleibt mit ihrer Beute zurück.

Nur jemand der so neugierig und mutig ist, wie der große kleine Bruder, konnte ein großer Tierforscher werden.

Flynn : Genau. Nur darum werde ich es schaffen, den berühmten asiatischen Flynn-Tiger zu entdecken, von dem es im geheimen Dschungel von Siam nur 22 Tiere gibt. Ihr Fell ist rot-grün gestreift und noch nie zuvor hat ein Mensch einen in echt gesehen. Er ist sehr gefährlich: Am Tag frisst er bis zu drei erwachsene Gnus.

Wieder im aufrechten Gang verlässt er mit dem erlegten Gnu im Schlepptau die Bühne durch den Schrank.

Lena : Aber dann war da noch die kleine große Schwester. Sie wusste nicht, was sie wollte. Sie traute sich gar nicht laut zu sprechen und wenn, dann waren die anderen trotzdem lauter. Manchmal war die Schwester traurig und wusste nicht weshalb. Doch eines Abends, als alle anderen Kinder schliefen, kam eine Fee und sagte zu der kleinen großen Schwester: Jetzt hast du einen Wunsch frei. Da hat die kleine große Schwester Angst bekommen. Denn auf einmal hat sie Angst gehabt, wenn sie sich jetzt das Falsche wünscht, dann kann sie nienienie wieder das Richtige bekommen. Dann muss sie für immer traurig sein und nicht wissen, weshalb.

Catarina Elena : Deshalb hat sie sich lieber gar nichts gewünscht.

Lena : Ja.

Catarina Elena : Das ist ein trauriges Märchen.

Lena : Ich weiß.

Catarina Elena : Geht es noch weiter? Vielleicht hat sie sich am Ende doch noch getraut, etwas zu wünschen. Vielleicht ein Meerschweinchen in einem Käfig. Oder einen Bob zum Rodeln. Oder ein großes Buch mit hundert Geschichten.

Lena : Ich weiß nicht. Ich glaube nicht. Die Fee hat ihr ihre einzige Freundin weggenommen. Die Einzige, die ihr helfen konnte.

Catarina Elena : Vielleicht hat die zweitjüngste Schwester es aber doch noch alleine geschafft.

Lena : Oder sie hat doch noch eine andere Freundin gefunden.

Catarina Elena : Vielleicht. Du, Lena, weißt du, was ich mir wünschte, wenn die Fee mich jetzt fragen würde?

Lena : Was denn?

Catarina Elena : Dass ich so Märchen erzählen könnte.

Lena : So wie Jolinka?

Catarina Elena : So wie du.

Die Bühne wird dunkler. Die Mädchen werden still, scheinen eingeschlafen zu sein. Plötzlich kommen, wie zuvor, aus allen Ecken die Schatten herangekrochen, geschlichen und geklettert. Sie rütteln an dem Matratzenturm, steigen hinauf und wecken Lena aus dem Schlaf. Mit ihr in der Mitte verlassen sie die Bühne ein weiteres Mal durch den Schrank.

III. Im Kinderzimmer von Philipp, Flynn, Lili und Lena

Das Kinderzimmer ist jetzt aufgeräumt. Flynn, Philipp und Lili schlafen auf ihren Matratzen. Jolinka ist mit einer glitzernden Feenstola an einen Kinderstuhl gefesselt worden und steht abseits. Die Fee sitzt mit überschlagenen Beinen da und kämmt sich die Haare. Als Lena umringt von einer Gruppe Schatten auf die Bühne kommt, steht sie auf und lächelt. Die Schatten weichen zurück, bleiben aber direkt hinter Lena in Lauerstellung.

Fee : Ah, hallo. Da bist du ja wieder, Laura.

Lena : Lena.

Fee :   Was?

Lena *(sehr laut):* Ich heiße LENA.

Fee :   Pssst. Du weckst noch deine lieben Geschwister auf.
So, hast du dich jetzt entschieden, was du dir wünschen willst?

Lena *(leise):* Ich glaub, ja.

Fee :   Du glaubst? Das ist mir zu wenig. Hast du, ja oder nein?

Lena :   Ja. Habe ich.

Fee :   Das ist ja super. Endlich. Dann heraus mit der Sprache. Was
wünschst du dir?

Lena :   Ich muss vorher noch was fragen. Wegen Jolinka.

Fee :   Jolinka? Ach, du meinst deine Freundin. Weißt du, kleine Lena, jeder
Wunsch hat seinen Preis. Was immer du dir ausgesucht hast von
wunderbaren Dingen, die du dir wünschen könntest, es ist Zeit, dass
du ihr nun Tschüs sagst. Freundinnen wie deine Jolinka sind nicht
gut für Mädchen in deinem Alter, meine Süße.

Lena :   Und wenn ich mir wünsche, sie soll für immer bei mir bleiben?

Fee :   Das ist was anderes. Aber nun ist es wirklich Zeit. Du weißt ja: Termine, Termine. Die anderen Kunden warten schon und ich habe
wirklich besseres zu tun, als die ganze Nacht nur euern Kram wegzu-
räumen...

Lena geht langsam zu der festgebundenen Jolinka.

Jolinka :   Ich bin froh, weil du jetzt was weißt, was du dir wünschen willst.
Einen Wunsch ganz tief in dir innen drinnen.

Lena :   Ich bin traurig, weil wir dann nicht mehr miteinander spielen können. Die Schatten werden dich mitnehmen.

Jolinka :   Macht nichts. Deshalb hab ich keine Angst. Ein bisschen sind sie ja
wie meine großen Schwestern und Brüder.

Lena :   Ich weiß. Ich mochte dein Märchen.

Jolinka :   Ich hab den Namen gemocht. Jolinka. Das ist ein schöner Name.

Lena löst Jolinkas Fesseln. Sobald sie befreit ist, wird sie von den Schatten umringt und davon getrieben; sie verschwindet von der Bühne, Lena ein letztes Mal zuwinkend.

Lena : Du kannst mich immer besuchen! Wenn ich schlafe und träume …
Auf Wiedersehen, Jolinka!

Die Schatten und Jolinka sind verschwunden. Zurück bleiben Lena und die ungeduldige Fee.

Fee : Na endlich! So viele Überstunden wie heute Nacht habe ich sicher seit drei Jahrzehnten nicht mehr gemacht … Wenn ich jetzt zum letzten Mal nach deinem Wunsch fragen darf?

Lena scheint kurz zu zögern. Alle Kinder, die noch auf der Bühne sind, auch die drei Geschwister auf den Matratzenbetten, haben sich ihr zugewandt und hören nun zu. Dann spricht Lena zum ersten Mal mit entschlossener und lauter Stimme.

Lena : Ich wünsche mir, dass ihr mir zuhört, wenn ich mit euch spreche.

Jolinka oder Die Geschichte von dem Mädchen, das nicht wusste, was es sich wünschen sollte

Kurzfassung für integrative Kinder- und Jugendgruppen
von Christina Lange

Es spielen mit:

Lena, die gleichzeitig klein, aber nicht die Kleinste ist

Jolinka[1], die die Freundin allein von Lena ist

Philipp, der große große Bruder

Flynn, der kleine große Bruder

Lili, die kleine kleine Schwester

Stimme der Mutter, aus dem Off

Die Fee

Catarina Elena, ungefähr so alt wie Lena, hat gar keine Geschwister

Außerdem mehrere **Kinder** und die **Schatten** *(stumme Rollen)*.

Es wäre toll, wenn während dem ersten Teil alle Mitspieler gleichzeitig auf der Bühne sein können, auch wenn sie in dieser Szene keine wichtige Rolle spielen. Dafür sollten überall auf der Bühne Spielsachen wie Puppen, Plüschtiere, Bälle usw. herumliegen, mit denen sich die Darsteller auch außerhalb ihrer Szenen beschäftigen können. Wann immer sich die Darsteller auf der Bühne in Schatten oder Tiere verwandeln, sollte der Phantasie keine Grenzen gesetzt werden.
Wichtig ist, dass es vier Matratzen gibt, für jedes Geschwisterkind am besten in der richtigen Größe. Außerdem auf der Bühne: Ein riesiger Kleiderschrank, der auch ein Durchgang ist.

---

[1] Die Figur Jolinka ist eine Art Erzählerfigur mit großem Textanteil. Sie kann von einem Kind/Jugendlichen jeden Alters oder eventuell auch von einem Erwachsenen gespielt werden, da ihr Alter ja so ist, wie Lena es sich ausgedacht hat.

I. Im Kinderzimmer von Philipp, Flynn, Lili und Lena

Die komplette Bühne ist voll mit spielenden Kindern, die zum größten Teil vor sich hin spielen z.B. mit Murmeln, Kartenhäuser bauen oder mit Wachsmalstiften malen. Jolinka ist die erste, die ihre Spielsachen weglegt und sich zum Publikum wendet.

Jolinka :   Das ist das Kinderzimmer. Ich zeige euch die Kinder, die hier wohnen. — Da gibt es Philipp. Er ist der Älteste.

Philipp :   Wenn ich genug Geld habe, dann hole ich mir einen eigenen Computer.

Jolinka :   Das da ist der kleine große Bruder Flynn.

Flynn *lässt einen kleinen Vogel aus Plastik im Sturzflug auf eine Herde Plastikgnus herabstürzen:* Angriff!!!

Jolinka :   Seine Lieblingstiere sind im Moment Raubvögel.

Flynn *breitet die Arme aus wie Flügel und „fliegt" auf Philipp zu :* Angriff!!!
Er krächzt wie ein Raubvogel vielleicht krächzen würde.

Jolinka :   Das kleine Mädchen mit der Puppe ist Lili. Sie kann erst ins Bett gehen, wenn alle ihre Puppenkinder schlafen.

Lili bettet ein Puppenkind auf ein großes Kissen.

Ein Kind *(das gerade ein Puzzle auf dem Boden legt):* Wer bist du? Bist du die Schwester von jemandem?

Jolinka :   Nein. Ich heiße Jolinka.
Ich habe keine Geschwister, aber eine Freundin.

Das anderes Kind : Bloß eine?

Jolinka :   Ja. Nur sie kann mich nämlich sehen.

Lena steht schüchtern auf.

Jolinka :   Sie heißt Lena.

Stimme der Mutter *(aus dem Off):* Los, Kinder, Schlafenszeit!

Alle murren oder lachen, räumen ihr Spielzeug weg, laufen durcheinander, bauen sich aus Kissen und Decken Schlaflager oder -höhlen, kuscheln sich zu mehreren zusammen oder rollen sich einfach auf der Stelle ein, wo sie eben noch gespielt haben. Philipp, Flynn, Lena und Lili verkriechen sich jeder auf eine Matratze. Die einzige, die nur zuguckt, ist Jolinka. Erst als alle in ihren Betten liegen, geht Jolinka hinüber zu Lenas Bett und hockt sich zu ihr.

Lena sieht ihre Freundin und setzt sich auf.

Jolinka :   Wenn du nicht schlafen kannst, erzähle ich dir ein Märchen.
Es war einmal ein Mädchen, das war nicht richtig groß, aber auch nicht mehr ganz klein. Eines Abends, als alle schon schlafen, geht plötzlich die Tür ihres Kleiderschranks auf und es kommt rein …

Die Tür des Kleiderschranks öffnet sich von innen

… eine wunderschöne Fee!

Die Fee kommt aus dem Kleiderschrank heraus. Sie ist wirklich wunderschön, hat durchscheinende Flügel, einen Zauberstab und glitzert vor lauter Feenstaub. Als sie versehentlich auf ein herumliegendes Spielzeug tritt, stolpert sie leicht und stößt einen Schrei aus.

Fee :   Was ist denn hier für eine Unordnung?

Sie schaut sich missbilligend um. Dann wendet sie sich Lena zu.

Du hast Glück. Ich bin gekommen, um dir einen Wunsch zu erfüllen.

Lena ist verlegen, sagt nichts.

Jolinka :   Sie weiß nichts.

Fee :   Jeder wünscht sich doch was.

Philipp *(aus dem Hintergrund):* Ich wünsche mir hunderttausend Goldstücke.

Flynn *(aus dem Hintergrund):* Ich wünsche mir einen echten Tiger als Haustier!

Lili *(aus dem Hintergrund):* Ich will eine echte Prinzessin sein und meine Puppen sind alle meine echten Babys.

Fee *(zu Lena):* Aber was du dir wünschst, das weißt du nicht?

Jolinka *(antwortet für Lena):* Ja.

Fee :   Wer bist du, dass du für sie antwortest?

Jolinka :   Ich bin ihre Freundin Jolinka.

Fee :   Ein Kind, das sich nichts zu wünschen weiß!

Sie schwingt den Zauberstab.

Ich rufe die Schatten unterm Bett herbei![2]

Die zuvor schlafenden Kinder verwandeln sich in die Schatten. Kriechend, geduckt, schleichend kommen sie auf die erschrockene Lena zu und packen ihre Arme und Beine, ziehen und schubsen und zerren sie mit sich. Jolinka will ihr folgen, aber eine weitere Gruppe von Schatten hat sie nun gepackt und hält sie zurück.

Jolinka :   Lasst das! Lena!

Fee :   Du bleibst schön bei mir. Das Mädchen soll sich einen Wunsch ausdenken.

Inzwischen haben die Schatten Lena in den Schrank gedrängt und sind mit ihr darin verschwunden. Hinter ihnen schließt sich die Tür. Die Fee sieht sich prüfend im verwüsteten Zimmer um und krempelt dann die Puffärmel hoch. Bis sie damit fertig ist, räume ich mal ein bisschen auf hier. Während sie anfängt, das Spielzeug zusammen zu räumen, umzingeln einige Schatten, die noch da sind, Jolinka, damit sie Lena nicht folgen kann.

II.   Im Kinderzimmer von Catarina Elena

Gleiches Bühnenbild. Noch immer liegen überall Spielsachen auf dem Boden. Allerdings sind die vier Matratzen nun aufgestapelt zu einem hohen Turm, die Schranktür ist geschlossen. Auf dem Matratzenturm oben drauf liegt Catarina Elena und schläft. Ansonsten ist die Bühne leer.
Es klopft an die Innentür des Schranks. Erst sehr zaghaft, dann, da nichts passiert, immer lauter und wilder.

Catarina Elena *(plötzlich wach):* Wer ist denn da in meinem Schrank?

Sie klettert vom Matratzenturm und guckt nach. Lena kommt heraus gestolpert und lässt sich auf den Boden fallen.

---

[2] An dieser Stelle soll das Zauberlied der Fee eingespielt werden, zu dem die Schatten sich pantomimisch, vielleicht auch tanzend bewegen können. Eventuell könnte auch ein Zauberspruch von der Fee gesungen werden. Das Lied soll am Ende des Stücks nochmal aufgegriffen werden.

Catarina Elena : Du bist eine Einbrecherin!

Lena schüttelt den Kopf.

Catarina Elena : Wie kommst du in den Schrank?

Lena traut sich nichts zu sagen und zuckt die Schultern.

Catarina Elena : Warum sagst du denn nichts?

Lena fängt an zu weinen.

Catarina Elena : Oh nein! Bitte weine nicht! Komm! *(Sie klettert zurück auf die Matratzen. Lena folgt ihr und hört auf zu weinen.)* Warum hast du denn geweint?

Lena *(ganz leise, nach einer Pause):* Ich weiß nicht, was ich mir wünschen soll.

Catarina Elena : Aber das ist doch nicht schwer. Wünsche dir doch ein Pony.

Ein Kind steckt seinen Kopf aus dem Schrank und wiehert und schnaubt wie ein Pony, bevor es wieder verschwindet.

Catarina Elena : Oder ein Fahrrad.

Ein Kind fährt auf einem Rad an den beiden vorbei und klingelt dabei.

Catarina Elena : Oder ein Instrument zum Musik machen.

Ein Kind taucht mit einem Instrument seiner Wahl (vorzugsweise einem zum Krach machen) aus dem Schrank auf, einige andere tanzen um es herum. Dann verschwinden sie wieder im Schrank.

Lena *(nach kurzem Nachdenken):* Was wünschst du dir so fest, wie du kannst?

Catarina Elena : Ich wünsche mir eine Schwester. Und du?

Fee *(aus dem Schrank stolzierend):* Ja, was wünschst du dir?

Plötzlich kommen auch die anderen Kinder, Lenas Geschwister und zuletzt Jolinka aus dem Schrank. Mit ihnen kommen, teils auf allen vieren, teils gebückt, teils aufrecht, die Schatten. Im Hintergrund wird leise das Zauberlied der Fee gespielt.)

Alle *(außer den Schatten):* Was wünschst du dir?

Jolinka :   Lena, was wünschst du dir richtig fest?

Es wird kurz ganz still. Alle warten auf die Antwort.

Lena *(laut):*   Ich wünsche mir, dass ihr mir zuhört.

Königsmarkt in Landsberg

Ein Stück von Florian Russi[3]

Es spielen mit:

Sprecher (tragende Rolle mit viel Text)

Fragesteller (tragende Rolle mit viel Text)

Bürgermeister

König Otto

Königin Edgitha

Bote

1. Marktfrau

2. Marktfrau

3. Marktfrau

4. Marktfrau

5. Marktfrau

1. Handwerker

2. Handwerker

3. Handwerker

4. Handwerker

5. Handwerker

Beliebig viel **Gefolge des Königs**

Bei der Zahl der Marktfrauen und Handwerker kann je nach Platz auf der Bühne und Anzahl der Mitspieler variiert werden.

Schauplatz ist der Marktplatz einer Stadt. Exemplarisch wird hier die Stadt Landsberg genannt. Es steht den Spielenden frei, hier auch einen anderen Stadtnamen einzusetzen. Kleine Tische oder Hocker, die mit Tüchern bedeckt sind, dienen als Markstände.

---

[3] Dem Schauspiel liegt die Erzählung „Der Königsbote" aus dem Buch „Der Drachenprinz" zu Grunde.

I. Auf dem Markt am Morgen

Es ist früh am Morgen. Noch herrscht Ruhe auf dem Marktplatz. Die Markstände stehen noch leer.

Sprecher : Heute ist ein besonderer Tag. Landsberg erwartet hohen Besuch. König Otto wird auf diesen Platz kommen.

Fragesteller : Warum kommt König Otto nach Landsberg?

Sprecher : Er erwartet seinen treuen Ritter Ulrich. Den hat er nach Fulda geschickt. In Fulda steht ein berühmtes Kloster. Die Mönche des Klosters haben eine Botschaft für Otto aufgehoben. Die soll ihm jetzt der treue Ritter Ulrich überbringen.

Fragesteller : Heute ist Markt in Landsberg. Wird das den König nicht stören?

Sprecher : Im Gegenteil. König Otto freut sich auf die Menschen in Landsberg. Der Markt kann beginnen.

Der Marktplatz belebt sich. Die Marktfrauen in bunten Trachten tragen Bauchläden vor sich bzw. begeben sich an die vorbereiteten Stände und breiten dort ihre Waren aus.

1. Marktfrau : Kartoffeln, Möhren, Sellerie: alles frisch!

2. Marktfrau : Kommt und probiert meine Äpfel!

3. Marktfrau : Habt ihr jemals so schöne Blumen gesehen?

4. Marktfrau : Seht die schönen Figuren und Vasen. Sie wurden im Kinderheim Reinsdorf hergestellt.

5. Marktfrau : Trinkt bei mir das gute Landsberger Bier!

Die Marktfrauen richten ihre Marktstände ein.

Sprecher : Jetzt kommen die tüchtigen Handwerker zu uns.

Fragesteller : Wo kommen sie her?

Sprecher : Überall in Landsberg wird fleißig gearbeitet.

Unter Begleitung von Trommeln und Pfeifen treten nacheinander die Handwerker in ihren Trachten auf und begeben sich an die für sie vorgesehenen Stände.

1. Handwerker : Wer braucht neue Schuhe? Ich bin der beste Schuster im Land.

2. Handwerker : Ich bin ein guter Schneider. Niemand näht so schöne Kleider wie ich.

3. Handwerker : In Landsberg gibt es viele wunderschöne Schränke, Tische und Stühle. Wem ist das zu verdanken? Mir, denn ich bin ein guter Schreinermeister.

4. Handwerker : Ich bin ein beliebter Zimmermannsgeselle. Blitzschnell bin ich auf jedem Dach.

5. Handwerker *(trägt eine Palette mit buntem Bild unter dem Arm)*: Ich bin ein Maler, ein großer Künstler. Auch ich gebrauche meine Hände.

Sprecher : Das tut ihr alle, ja. Und auch Köpfchen habt ihr. Sonst könntet ihr keine guten Handwerker sein.

Fragesteller : Wer steht da noch draußen und will auch zu uns kommen?

Sprecher : Ich kenne ihn. Er heißt Avuldus. Es ist der, der immer schlechte Laune verbreitet.

Fragesteller : Und den wollt ihr bei euch haben?

Marktfrauen und Handwerker *(im Chor)*: Nein, der soll draußen bleiben. Heute wollen wir ein schönes Fest feiern!

Sprecher : So ist es. Wir freuen uns auf unseren Bürgermeister!

Der Bürgermeister tritt auf.

Bürgermeister : Liebe Landsberger, wir können stolz sein auf diesen Tag. Lasst uns gemeinsam unseren König begrüßen.

Sprecher : Bürgermeister Heinrich wartet auf König Otto. Ich sehe den König schon. Er wird bald bei uns sein.

König Otto und seine Frau, Königin Edgitha, treten auf. (evtl. mit Gefolge)

König Otto *(zum Bürgermeister)*: Lass dich umarmen, alter Freund. Es ist für mich eine Ehre, in deine Stadt kommen zu dürfen.

König und Bürgermeister umarmen sich. Dann reicht der Bürgermeister der Königin die Hand und sie küssen sich.

Königin Edgitha : Wen das Schicksal will belohnen, den lässt es in Landsberg wohnen.

Marktfrauen und Handwerker : So ist es, Majestät, und heute sind wir besonders stolz darauf.

Eine Gruppe bringt zu Ehren des Königspaares ein Ständchen. Es folgt eine kurze Pause.

II. Die Nachricht des Boten

Sprecher : Nun liebe Freunde, erwarten wir Ulrich, den Boten des Königs.

Ulrich trifft von einigen Rittern begleitet ein. Er ist arg zugerichtet, hat nur noch ein Auge, ein Ohr und einen Arm.

Bote : Mein König, hiermit übergebe ich dir die Schatulle aus dem Kloster in Fulda, so wie es dein Auftrag an mich war.

König Otto : Vielen Dank, lieber Freund. Wer aber hat dich so zugerichtet?

Bote : Immer wieder bin ich überfallen worden. Böse Grafen und Räuber wollten die Schatulle stehlen und die Botschaft lesen, die nur für dich, den König bestimmt ist.

König Otto : Armer Mann!

Bote : So wie ich jetzt aussehe, gefalle ich dir nicht mehr.

König Otto : Was redest du da? Es ist ein Glück, einen so treuen Ritter wie dich zum Freund zu haben. Du wirst mit mir am Tisch sitzen, mit mir essen, trinken und reden. Komm in meine Arme!

Fragesteller : Was aber ist die Botschaft an den König und an uns?

König Otto *(öffnet die Schatulle, entnimmt daraus eine Schriftrolle, entfaltet sie und liest vor):*
> Lieber König Otto,
> denke immer an deine Bürger.
> Sei klug und gerecht.
> Lass ihnen ihre Freiheit.
> Sorge für Frieden.
> Und sage ihnen, dass sie nie vergessen sollen:
> Nur mit Einigkeit erreicht man Glück.

(die Botschaft wieder zusammenrollend): Ihr habt es alle gehört. Ich will mich daran halten. Und wie ist es mit euch?

Alle: Wir wollen alle einig sein, das versprechen wir.
König Otto soll leben,
Königin Edgitha soll leben,
Unser Bürgermeister soll leben –
Und wir auch!

Mit einem erneuten Ständchen klingt das Schauspiel aus.

ERBSENSOLDATEN

Ein Stück von Florian Russi[4]

Es spielen:

General

Pumphut, wandernder Müllergeselle mit großem, spitzem Hut, der zaubern kann

Page

König

Roman, junger und kräftiger Mann

Stanislaw, junger und tatkräftiger Mann

Marko, junger Mann

Mika, ein Bauer, der auf dem Markt seine Waren feil bietet

1. Marktfrau

2. Marktfrau, Markos Mutter

Außerdem allerlei **Markbesucher** und beliebig viel **Gefolge des Generals**

Schauplatz des ersten Aktes ist der Marktplatz in Hoyerswerda. Hier herrscht buntes Treiben. Es gibt mehrere Verkaufsstände. An einem Stand wird bspw. einem Mann ein Zahn gezogen, an einem anderen einer Frau die Haare gekämmt und gerichtet. Eine kleine Gruppe von Musikern spielt und um sie herum tanzen einige Menschen. Einige Kinder machen ein Hüpfspiel.

Schauplatz des zweiten Aktes ist das Dresdner Schloss.

---

[4] Dem Schauspiel liegt die gleichnamige Erzählung aus dem Buch „Erbsensoldaten" zu Grunde.

I. Auf dem Marktplatz von Hoyerswerda

Im Getümmel der Marktbesucher befinden sich die zwei jungen Burschen Roman und Stanislaw sowie Zauberer Pumphut, der an seinem hohen Hut erkennbar ist. Ein General in Uniform und ordenbehängt und seine Begleiter treten auf.

General :   Der König rüstet zum Krieg. Er braucht Soldaten. Alle starken Männer sollen sich melden!

1. Marktfrau : Was will der hier? Ist Karnevall?

General *(zu Roman, einem der jungen Männer):*
Junger Mann, wie heißt du?

Roman :   Roman ist mein Name.

General *(befühlt Romans Armmuskeln):*
Du bist stark und gesund. Folge mir.

Roman :   Habe keine Zeit für den Krieg. Ich bin der einzige Sohn meiner Eltern. Sie sind Bauern und brauchen mich bei der Ernte.

Der General *(Stanislaw, einem anderen jungen Mann, den Arm auf die Schulter legend)*   Wie ist es mit dir? Du willst doch sicher mal etwas erleben.

Stanislaw :   Das will ich. Vor einer Woche habe ich geheiratet und baue ein Haus. In einem halben Jahr soll es fertig sein. Ich kann hier nicht weg.

General :   Wenn keiner mir freiwillig folgt, muss ich zur Gewalt greifen. Der König braucht mindestens 5.000 Mann. Ist niemand freiwillig bereit, mir in meine Kaserne zu folgen?

Alle schütteln den Kopf. Nur Marko ist im Begriff, sich zu melden.

2. Marktfrau *(ruft):* Marko, du wirst doch nicht etwa in den Krieg ziehen wollen!

Sie hält Marko zurück und er gibt ihr nach.

Stanislaw *(zu General):* Frag doch mal den Pumphut. Der ist ein Zauberer und kann dir vielleicht helfen.

General :   Was sagst du? Pumphut ist hier auf dem Markt? Seinen Namen habe ich schon oft gehört. Im Türkenkrieg hat er 2.000 Erbsen in Soldaten verzaubert. Mit denen hat der König die große Schlacht gewonnen.

Stanislaw *(ruft):* Pumphut, komm mal hierher. Der General will mit dir sprechen.

Pumphut *(kommt, zieht seinen Hut vom Kopf und verbeugt sich):*
Was wollt ihr von mir?

General : Ich weiß, dass du zaubern kannst. Zaubere mir 5.000 Soldaten herbei. So viele braucht der König für seinen neuen Krieg.

Pumphut : Wenn du mit versprichst, meine Freunde hier zu verschonen, will ich dir gerne helfen. Ein weiteres Mal werde ich Erbsen in Soldaten verzaubern.

General : Eine geniale Idee! Lass dich drücken, mein Freund.

Er umarmt Pumphut überschwänglich.

Pumphut : Es müssen die besten Erbsen sein, die es gibt. Aus schlechten Erbsen werden keine guten Soldaten.

General : Das sehe ich ein. Wo bekomme ich sie?

Pumphut führt den General zu einem Stand in der Nähe und begrüßt den dahinterstehenden Bauern.

Pumput : Hier, mein Freund Mika ist bekannt für seine gute Ware. Mika, bist du bereit, dem General für 40 Gulden 5.000 Erbsen zu verkaufen?

Mika *(erstaunt):* 40 Gulden?

General : Das ist unmöglich, das ist zu viel.

Pumphut : 40 Gulden sind gerade richtig für 5000 kräftige Burschen. Vergiss nicht: Du bekommst sie alle in voller Uniform.

General : Das ist wirklich ein tolles Angebot. Hier sind die 40 Gulden. Bauer, packe mir die Erbsen in zwei Säcke. Ich will sie wohlbehalten zum König bringen.

Pumphut : So ist's recht. Gib dem armen Mika das Geld. Ich weiß, er kann es gut gebrauchen.

General : Eine Bedingung stelle ich. Du, Pumphut, musst mich zum König begleiten.

Pumphut : Nichts lieber als das. Der König wird überrascht sein. Nehmen wir die Kutsche und fahren zu ihm. Jeder von uns beiden wird einen der Säcke vorsichtig auf seinem Schoß halten. Auf geht´s!

Roman : Danke Pumphut! Du warst unser Retter.

Pumphut und der General entfernen sich. Das Spiel auf dem Markt geht noch eine Weile weiter. Danach tritt eine Pause ein.

II. Im Königschloss in Dresden

Der General und Pumphut betreten das Schloss und tragen vorsichtig die Säcke mit den Erbsen in ihren Händen.

Page : Guten Tag, Herr General.

General : Ich muss dringend den König sprechen.

Page : Vor heute Abend ist das nicht möglich. Der König hat wichtige Gäste.

General *(zu Pumphut):* Ich platze vor Ungeduld. Was machen wir nur bis zum Abend?

Pumphut : Du könntest mir die Stadt zeigen. In Dresden bin ich noch nie gewesen.

Page : Das ist ein guter Gedanke. Die Säcke könnt ihr hierlassen. Ich werde gut auf sie aufpassen.

General : Es sind Erbsen darin. Niemand darf sie anrühren. Der König wird sich sehr darüber freuen.

Page : Hier im Schloss geschieht alles nur für den König. Ich werde die Erbsen persönlich in den Thronsaal bringen. Da sind sie vor jedermann sicher.

General : Ich verlasse mich auf dich. Es soll eine Überraschung für seine Majestät werden.

Pumphut *(dem General die Hand auf den Rücken legend):*
Was willst du mir als erstes in Dresden zeigen?

General : Natürlich den Zwinger, folge mir.

Die beiden treten ab. Der Page trägt die beiden Säcke in einen benachbarten Raum.

Die Stunden vergehen, was man durch die laufenden Zeiger einer Uhr oder durch die am Himmel ziehende und untergehende Sonne darstellen kann.

In einem Bereich der Bühne wird eine Tafel mit zwei großen Suppenschüsseln aufgebaut, an der der König Platz nimmt und isst.

Im vorderen Bereich der Bühne empfängt der Page den General und Pumphut, die zurück ins Schloss kommen.

General : Page, wo bist du?

Page : Ich melde mich zur Stelle. Der König freut sich über deinen Besuch. Es hat sogar ein kleines Abendessen für euch richten lassen.

General : O, so viel Ehre haben wir nicht verdient.

Der Page führt die beiden zum König, der am Tisch hinter zwei dampfenden Schüsseln sitzt. Der König erhebt sich von seinem Stuhl und tritt den beiden entgegen.

König : Willkommen mein lieber General. Heute ist ein glücklicher Tag. Erst bekam ich Besuch von meinem guten Freund, dem Herzog von Bayern, und dann – dies hier. *(Er zeigt auf die beiden Schüsseln.)* Immer nur Rehbraten, Fasan, Pfauenzunge. Das halte ich nicht aus. Es stand mir bis hier. *(Er zeigt an seinen Hals).* Dabei weiß der Koch doch, was meine Leibspeise ist: die gute alte Erbsensuppe.

General *(greift nun ebenfalls an seinen Hals):* Das sind doch nicht etwa unsere Erbsen?

König : Wer auch immer sie gebracht hat, verdient ein großes Lob. Sie waren in zwei Säcke eingepackt. Ich habe sie zufällig entdeckt und gleich angeordnet, dass heute für alle Suppe gekocht wird.

General *(jammernd):* Aber mein König, das waren ganz besondere Erbsen. Pumphut wollte sie vor Euren Augen in Soldaten verzaubern.

Pumphut : Das ist jetzt leider nicht mehr möglich.

König : So, so, dass wolltest du. Na, dann muss ich den Krieg eben absagen.

DER HANDSCHUH IM SCHNEE

*Szenenspiel für Kindergartenkinder nach einem Russischen Märchen
bearbeitet von Florian Russi*

Es spielen:

Alter Mann, mit Handschuhen

Hund

Maus

Frosch

Hase

Häsin

Fuchs

Bär

Die Bühne zeigt eine Winterlandschaft mit Waldweg. An den Bäumen hängen Eiszapfen. Es ist bitterkalt.

I   Auftritt

Ein alter Mann erscheint in Begleitung seines Hundes auf dem Waldweg. Unter dem Arm trägt er Holz, das er gesammelt hat. Seine Nase ist gerötet. Er muss niesßen, greift nach seinem Taschentuch und beginnt, sich kräftig zu schnäuzen. Dabei verliert er seinen Handschuh, der aus einem dünnen Stoff gefertigt ist, der weit gedehnt und ausgefaltet werden kann. Der Mann bemerkt es nicht, geht weiter und verlässt mit seinem Hund die Bühne.
Nach einer kurzen Weile trippelt eine Maus herbei und schüttelt sich vor Kälte.

Maus :   Was ist das für ein Winter! So kalt war es noch nie. *(Sie sieht den Handschuh und fährt fort):*
Das könnte mein warmes Winterhäuschen sein. Da werde ich hineinschlüpfen.

Sie schlüpft in den Handschuh. Nach einer Weile kommt ein Frosch heran gehüpft und sieht den Handschuh.

Frosch : Ist da jemand? Wer wohnt denn in dem Häuschen?

Maus : Ich bin's. Graufell, das Mäuschen. Und wer bist du?

Frosch : Ich bin Quak, der Frosch. Bitte lass mich bei dir wohnen.

Maus : Dann hüpf zu mir. Mein Haus ist groß genug für uns beide.

Der Frosch folgt der Einladung, kriecht in den Handschuh und kuschelt sich hinter der Maus. Kurz darauf kommt ein Hase mit seiner Frau vorbei.

Hase : Hilfe, sonst erfrieren wir. Wer wohnt denn in diesem Häuschen?

Frosch : Die Maus Graufell und ich, der Frosch Quak. Auch für dich ist noch Platz. Wer bist du?

Hase : Ich bin Hoppel, der Hase und habe meine Frau mitgebracht. Dürfen wir zu euch kommen?

Maus : Herein mit euch! Wir kuscheln jetzt zu viert.

Wenig später kommt ein Fuchs vorbei.

Fuchs : Wer wohnt denn in diesem Häuschen?

Hase : Graufell, die Maus; Quak, der Frosch und meine Frau und ich. Ich bin Hoppel, der Hase.

Fuchs : Ich bin der Fuchs Superschlau. Darf auch ich zu euch kommen?

Hase : Wenn du uns nicht fressen willst, machen wir auch Platz für dich.

Der Fuchs drängelt sich nun ebenfalls in den Handschuh. Kurz darauf hört man es schon von weitem stapfen. Dann erscheint ein Bär auf dem Weg.

Bär : Wer wohnt denn hier beisammen?

Fuchs : Graufell, die Maus; Quak, der Frosch, Hoppel, der Hase und seine Frau und auch ich. Ich bin der Fuchs Superschlau.

Bär : Habt ihr noch Platz für mich?

Fuchs :   Wenn du lieb zu uns bist, rücken wir gerne zusammen.

Bär :   Ich bin Brumm, der Bär, und verspreche, ganz lieb zu sein.

Fuchs :   Dann komm zu uns. Dein Fell wird uns wärmen.

Der Bär kriecht nun ebenfalls in den Handschuh. Man hört, wie Maus, Frosch, Hasen, Fuchs und Bär zufriedene Laute ausstoßen.

Maus :   Uns geht's gut. So sollte es immer bleiben.

Es folgt eine kurze Pause.

II   Auftritt

Der alte Mann und sein Hund kommen wieder daher gelaufen.

Alter Mann : Such' den Handschuh, Hasso, such, such.

Der Hund *(läuft auf den Handschuh zu und stellt sich davor):* Wau, wau, wau.

Da kommt Bewegung in den Handschuh. Alle Tiere laufen davon. Der alte Mann kommt näher und schaut verwundert auf das von ihm verlorene Stück.

Alter Mann : Brav, Hasso. Aber sag mal: Habe ich wirklich einen so großen Handschuh gehabt?

Stimme aus dem Lautsprecher : Er war groß genug, um sechs Tiere vor dem Erfrieren zu retten. Wir danken dir, lieber Mann.

DIE STREICHE DES WASSERMANNS

Schauspiel nach einem Märchen von Ingrid Annel
bearbeitet von Florian Russi

Es spielen:

Jakub, Bauer

Roman, Bauer

Männlein, das zerlumpt, unansehnliches und grau ausschaut

 Das Bühnenbild zeigt eine Felder- und Seenlandschaft. In der Mitte der Bühne ist ein Teich. Als Requisiten werden zwei Angeln, Eimer und Fische benötigt.

I   Erster Tag

Am Teich sitzen die Bauern Jakub und Roman und angeln.

Jakub :   Ich hab Hunger, aber kein Fisch will beißen.

Roman :   Mein Vater hat gesagt: Im Wasser haust ein alter Nix. Der will nicht, dass wir etwas fangen.

Jakub :   Ein Nix? Das glaube ich nicht. Wie soll er aussehen?

Roman :   Der Nix ist groß und stattlich. Er trägt rote Kleider und wohnt in einem Schloss am Grunde des Sees.

Jakub :   Ich sehe kein Schloss. Außerdem trägt der Nix blaue Kleider und manchmal einen Hut.

Roman :   Vornehm ist er. Er sieht aus wie ein Graf.

Jakub :   Der Nix ist reich und seine Frau trägt Perlen und Diamanten am Hals.

Roman :   Seine Töchter sind wie Prinzessinnen.

Jakub :   Hier gibt es keinen Nix. Wo aber bleiben die Fische?

Roman :   Kuck mal, wer da kommt!

Es nähert sich ein zerlumptes, unansehnliches, graues Männlein und klagt.

Männlein : Was mache ich nur? Meine Hose ist gerissen. Könnt Ihr beiden mir ein paar Fetzen Stoff abgeben, so dass ich die Hose flicken kann?

Jakub :   Gerade haben wir vom Nix gesprochen. Der ist groß und stark. Du bist nur ein kleiner Wicht. Von mir bekommst du nichts.

Roman :   Sei nicht so herzlos, Jakub.

Jakub *(lacht)*: Hahaha. Was willst du mit einem so schwachen kleinen Männlein anfangen?

Roman :   Er braucht Hilfe. Die will ich ihm geben.

Jakub :   Er ist schuld, dass ich so lachen musste. Jetzt habe ich alle Fische vertrieben.

Roman :   Heute werden wir keine Fische mehr fangen. Doch morgen kommen wir wieder. *(zum Männlein gerichtet)* Dann bringe ich dir Stoff mit. Ein paar Reste werden sich im Nähkasten meiner Frau finden lassen.

Die drei verlassen die Bühne. Es folgt eine Pause.

II   Zweiter Tag

Die beiden Bauern und das Männlein kommen wieder zum Teich.

Roman *(zum Männlein)*: Hier, der Stoff ist für dich.

Männlein : Ich danke dir, lieber Freund. Gleich will ich meine Hose flicken.

Er setzt sich nieder und beginnt, an seiner Hose zu nähen.

Jakub :   Du hast Glück, dass Roman ein so weiches Herz hat. Von mir bekommst du nichts.

Männlein : So hab ich´s erwartet.

Er steht auf und verschwindet im Teich.

Roman *(zu Jakub)*: Hast du´s gesehen? Er ist doch ein Wassermann.

Jakub : Aber nur ein ganz kleiner. Bald wird ein Hecht kommen und ihn fressen.

Roman : Ich hätte gerne einen Karpfen, oder auch zwei oder drei, damit es für meine ganze Familie reicht.

Im selben Moment zieht er einen großen Karpfen aus dem Wasser.

Jakub : Das nenne ich Glück. Aber da, sieh mal, es ruckelt an meiner Angel. Das muss ein dicker Fisch sein. *(Er zieht seine Angel aus dem Wasser, doch es hängt nur der Wurm daran.)* Zu dumm ist das.

Roman *(zieht einen zweiten Karpfen aus dem Wasser)***:** Bald reicht´s für die Familie.

Jakub : Aber hallo. Jetzt kommt mein Fisch. *(An seiner Angel hängt ein schmutziger vom Wasser durchtränkter alter Schuh)* Das darf doch nicht wahr sein.

Roman : Schau mal, mein dritter Karpfen.

Jakub : Jetzt will ich´s wissen. Ihr Fische hört: ihr sollt anbeißen.

Jakub zieht wieder seine Angel aus dem Wasser. Daran hängt eine tote Ratte.

Jacub : Iiiii!

Roman : Und hier mein vierter Karpfen. Wenn du so viel Anglerpech hast, will ich dir ihn gern abgeben.

Jakub *(mürrisch)***:** Behalte deinen Karpfen. Ich will ihn nicht.

Roman : Vielleicht war das Männlein doch der Nix. Er hat sich an dir gerächt.

Jakub *(sich zur Seite drehend)***:** Dann angle ich eben nicht im Wasser, sondern auf dem Feld. An Land kann der Nix nichts ausrichten.

Er wirft seine Angel auf dem Feld aus und wartet ungeduldig. Roman zieht kurz darauf seinen fünften Karpfen aus dem Teich.

Roman : Es tut mir leid für dich, mein Freund, aber Fische fangen kannst du nur im Wasser.

Darauf erhebt sich Jakub verärgert, reibt sich die Augen, klemmt seine Angelrute unter den Arm, geht davon.

Jacub : Ich bleibe dabei: Ein Nix trägt keine Lumpen, sondern blaue Gewänder und einen Hut.

Roman : Also werde ich meine letzten beiden Karpfen zu deiner Frau bringen. Die wird weniger stolz und stur sein als du. *(Er erhebt sich ebenfalls)*
Fünf Karpfen für ein bisschen Stoff. Der Griff in den Nähkasten meiner Frau hat sich reichlich gelohnt.

Ingrid Annel

Glücksdrachenpech
Von Wassermännern, Drachen und Irrlichtern
Gesamtpaket: Märchen und Sagen aus der Lausitz, Bd. 1

Mit Illustrationen von Marga Lenz
ISBN 978-3-86397-001-7 | Preis 12, 50 €

Es ist noch gar nicht lange her, da teilten die Menschen der Lausitz ihr Leben mit einer großen Schar rätselhafter und unheimlicher Naturgeister. So lebten in den Seen, Teichen und Tümpeln Wassermänner, vor denen man sich besser in Acht nahm, und in den dunklen Nächten schwirrten Irrlichter umher, die manch unbedachten Wanderer ins Unglück stürzten.

Florian Russi

Erbsensoldaten
Von Zwergen, Zauberern und Krabat
Gesamtpaket: Märchen und Sagen aus der Lausitz, Bd.2

Mit Illustrationen von Marga Lenz
ISBN 978-3-86397-002-4 | Preis 14, 90 €

Vor noch gar nicht langer Zeit teilten sich Zwerge und Menschen das Land in der Lausitz. Die Zwerge wohnten in Höhlen und sprachen gerne in der Verneinung, um ungebetene Zuhörer zu verwirren. Außerdem gab es da noch den abenteuerlustigen Pumphut, der mit seinem Zauberhut umherstreifte und den Menschen Streiche spielte, ihnen aber auch Wünsche erfüllte.

Im Gesamtpaket:
Märchen und Sagen aus der Lausitz

ISBN 978-3-86397-006-2 | Preis 24,- €

Kurt Franz / Claudia Maria Pecher
Kennst du die Brüder Grimm?

für Märchenliebhaber ab 14 Jahre
ISBN 978-3-86397-004-8 | Preis 14,80 €

Es waren einmal zwei Brüder, die waren untrennbar und wollten
alle deutschen Märchen sammeln und aufschreiben, damit alle Menschen sie lesen konnten.

Grimms Märchen sind auf der ganzen Welt bekannt. Wer aber weiß mehr über das Brüderpaar zu erzählen als dessen Märchen? Und wer weiß schon, dass die Grimms auch viele schaurige, schöne Sagen sammelten, eine umfangreiche deutsche Grammatik veröffentlichten oder an einem allumfassenden Deutschen Wörterbuch arbeiteten? Das vorliegende Buch gibt Einblicke in das Leben der beiden Brüder.
Ausschnitte aus Briefen, Märchen und Sagen sowie Fotos und Bilder ermöglichen eine umfangreiche Sicht auf die Schaffens- und Lebenszeit der Brüder Grimm.

Und wenn Sie nicht gestorben sind ...

Gudrun Schulz

Kennst du Bertolt Brecht?

mit Audio-CD
ISBN 978-3-86397-020-8 | Preis 19,80 €

Der neue freche Ton des jungen Brecht revolutionierte das
Theater. Seine Stücke sind aufrüttelnd, kritisch und richten
sich gegen die bürgerliche Gesellschaft seiner Zeit. Er will dem Zuschauer die Augen öffnen und ihn zum eigenen Denken motivieren. „Ändere die Welt, sie braucht es!", so Brecht.
Ganz in diesem Sinne bietet dieses Buch keine vorgefertigten Antworten. Es versteht sich als Grundlage zu Reflexion und Diskussion und eignet sich auch als Unterrichtsmaterial. Neben biographischen Informationen enthält es Gedichte, Briefausschnitte, Zitate und Bilder sowie Ausschnitte aus Brechts Stücken.

Auf der beiliegenden CD stellen verschiedene Brecht-Interpreten dessen Songs und Texte vor.

Ulf Annel

Knalltüten
Kindergedichte für ganz Große

Mit Illustrationen von Katrin Kadelke
ISBN: 978-3-937601-96-0 | Preis: 12,80 €

Unsinngedichte und witzige Reime zum Querdenken für echte Knalltüten mit frechen Bildern, die Spaß garantieren.

Der Erfurter Kabarettist Ulf Annel hat Wortwitz und spitzfindige Ideen. Im Gedichteband „Knalltüten" sind Verse für Kinder und Erwachsene versammelt, die der Doppelbödigkeit der deutschen Sprache mit Witz begegnen und Lust auf mehr eigenen spielerischen Umgang machen.

Wird Kopfball nur von Kannibalen gespielt? Welcher Kater protzt mit seinen Muskeln? Und wie hoch ist ein Dreikäsehoch wirklich? Ulf Annel liefert originelle und kecke Antworten, die einem jeden ein Lächeln ins Gesicht zaubern.

Ines Lägel

Auf der Suche nach Fips
Die Abenteuer des kleinen Zauberers

Mit Illustrationen von Petra Lefin
ISBN 978-3-937601-50-2 | 48 Seiten | Preis 12,80€

Der kleine Mäuserich Fips kommt vom Spielen nicht nach Hause. Er scheint spurlos verschwunden. Der kleine Zauberer macht sich mit seinen Freunden, dem Kater Theo-bald und dem Hasen Hippold, auf die Suche nach dem vermissten Mäusejungen. Auf ihrem Weg erleben sie spannende Abenteuer. Sie erfahren dabei, wie wichtig es ist, Freunde zu haben und anderen zu helfen.

Auch als Hörbuch erhältlich.

www.Landsberg-Lese.de

Die kulturelle Seite für Landsberg. Erfahren Sie mehr über Veranstaltungen und Kulturangebote sowie Wissenswertes über Sehenswürdigkeiten, Leute, Vereine u.v.m.

www.Hoyerswerda-Lese.de

Hoyerswerda – eine Stadt im Märchen-, Sagen-, Seenland der Lausitz

Entdecken Sie die Schönheit der Stadt und erfahren Sie Wissenswertes über bekannte Persönlichkeiten, Vereine und Unternehmen, die das Bild der Stadt prägen. Begleiten Sie uns auf historischen Streifzügen durch die Umgebung. Lassen Sie sich entführen in die fantastische Märchen- und Sagenwelt, die von verschiedensten Naturgeistern wie dem Wassermann und von dem Zauberer Krabat erzählt.